JN418353

바람의 강 노래

빛나는 시 100인선 · 1

바람의 강 노래

민용태 시선집

인간과 문학사

● **서시**序詩

너만이 내가 사랑하는 사람

하늘에 별들은 너보다 많아
땅에 꽃들은 너보다 많아
물에 물고기는 너보다 많아
하지만 너만이 내가 사랑하는 사람

네 눈에 그 많은 별들 때문만은 아냐
네 입술의 그 장미 꽃 이파리 때문만은 아냐
네 허리의 그 많은 물고기 때문만은 아냐
하지만 너만이 내가 사랑하는 사람

하늘을 보았지, 땅을 보았지
바다를 가보았어
하지만 너를 알고부터 난
온 우주가 소라의 작은 가슴 속에 있음을 발견했어

이제 아름다움이 뭐냐고 물으면
난 네 이야기 밖에 할 이야기가 없어
사랑이 뭐냐고 물으면
난 네 이야기 밖에 할 이야기가 없어
내가 누구냐고 물으면
난 네 이야기 밖에 할 이야기가 없어

빛나는 시 100인선 · 1

바람의 강 노래

차례

서시

1부

2부

3부

1부

달

달은
곱게 간직해 온
이 나라 향기香氣

약혼 가락지
하나의 모습
전부인 채

솔숲 사이
짙은 숲 향기 속에

천년千年을 소복素服으로
은하銀河처럼 맑은 몸

하얀 배꽃 가지
하늘한 몸을 기대이고
은은히 웃는 모습, 모습이여

밤마다
달맞이꽃처럼 버는
이 가슴에
가야금 소리 멀다.

호롱불

어둠을 밝히려다
어둠을 안고
어둠으로 돌아간다
호롱불은 어둠의 눈
침묵을 깨뜨리려다
어둠을 안고
침묵으로 돌아간다
호롱불은 침묵의 목소리

외지外地에서 타임지誌나 뒤적이다
방학에나 돌아와 보는
우리네 역사책
곰팡이 슬어도
오히려 또렷한 족보族譜 몇 구절

호롱불은
비단 폭보다

흰 무명베로 짠 불빛
한恨도 한숨도
행여 불이 꺼질세라
안으로 안으로 사려온
곱기보다 오히려 아픔이 앞서는 꽃

호롱불은
기도보다 야단스럽지 않다
휘영청 달 밝은 밤엔
동네 사랑방에 떨어진
한 줌 달빛으로 도란거리다가
시간이 다하면
꺼도 좋은 불
켜 놓아도 좋은 불
꺼도 꺼도 켜 있는 불.

바람의 아들

무슨 바람이 불었던지
우리 할아버지의 할아버지의 할아버지는
개나리 봇짐 하나에 흥을 잔뜩 걸머지고
길을 나섰것다.
들에는 비가 오고 밤은 주저앉는데
멀리멀리 빤한 불빛 하나, 그게 곧 주막이라.
한잔 거나하게 들이키고 잠자리에 들었는데
주막집 마나님 또한 과부였다는 것.
이리하여 우리네 할아버지의 할아버지가 탄생하셨는데
우리 아버지는 또 일본 대판까지 가서 색시를 얻어왔다.
그 중매장이가 웃동네 정 아무개에게 가다가 도중에
일이 그렇게 됐다는 얘기가
우리집 문턱에는 늘 붙어다녔다.
그 집 큰아들이 이 몸인데
이게 도무지 어느 바람에
어느 비에, 어느 주막에, 어느 중매장이에게
큰절을 해야 되는건지

제삿날마다 문풍지가 울었다.
바람도 바람이지만
그 바람이 피를 담아 왔다는 일이 믿기질 않아서
내 살을 꼬집어본다.
이제 죽어도 죽기 싫은 나.
내 키는 하늘보다 한 뼘쯤 크다.

나들이

흙을 맛보기 전
삶의 소태맛을 알기 전
한 번쯤 나들이 삼아 산山으로 가게
무성하던 여름 잎사귀도 지고
갈비봉에 서리가 올 때쯤이면
그 야단스럽던 덩굴도 가지도
자취를 감추고
때다 버린 땔감이나 검부러기 같은
검불 밑둥이 하나쯤 보일 걸세
바위를 뚫어서 물길을 찾듯이
자네는 그 꽁꽁 얼어붙은 땅을 파헤쳐야 하네
이윽고 그 속에서 자네는
고독의 그루터기
흙의 뿌리를 발견할 걸세
그게 바로 칡이라는 거네
그 맛이 어디 예삿 맛인가
이승에서 보는 저승의 맛
저승에서 보는 이승의 맛.

피라미 낚시꾼

나의 아버지는 피라미 낚시꾼
삼사십 년을
시냇물을 따라 글을 가르치신다
가갸거겨고교구규……차챠처쳐초쵸추츄……
시냇물이 글을 따라 읽는다
여울물을 지켜 아버님은 낚시를 던진다
햇살이 내려와 물살을 건들면
여울목엔 피라미가 한창
피라미는 여울의 자식들
차라리 그 깨끗한 자갈들

시냇물은 맨발로 자갈밭을 줄달음질 친다
자갈이 다하면 바위가 있고
바위는 더러 태산으로 일어서고
그러면 시냇물은 조용히 태산의 뿌리가 된다

서울서 온 국회의원 친구와의 약속도 버려 두고

아버님은 할 일 없는 사람처럼
해질녘까지 낚시질이나 한다
물에도 하늘에도 파라미가 뛴다
물에도 하늘에도 별이 뛴다
물엔지 하늘엔지 아버님은
또 다시 멀리 낚시를 던지신다

검불

푸나무 몇 단, 지푸라기 몇 날
너로 해서 겨울은 오히려 따스하다
암탉이 병아리를 생각하는 것도
실은 너의 체온 때문이다
너의 체온은 아궁이를 채우고
동짓달 긴긴 밤의 이야기를 덥힌다
늙은 할아버지는 자꾸 손자가 귀엽고
할머니는 객지에 간 자식이 눈물이다
우리 모두 아랫목에 모여 앉아
제가끔 가슴에 품은 정을 어루만지며
노오란 병아리를 낳는다
검불은 불이 아니다
좀처럼 뜨겁지 않는 너의 사랑은
가슴 대신 등을 덥힌다
등 대신 바닥을 덥힌다
너는 타서 재가 되어도
오히려 뿌리를 덥힌다

방 구석 어딘가 콩나루 시루에
노란 움이 돋고 있다.

초서草書

꼬불꼬불 논두렁길을 기어가는
강아지풀이나 기르세
일부러 기를 건 뭔가?
나서 자라게 버려두면 되고
철이나 잘 되라고
한 번쯤 못자리나 보러 오게나
못줄을 댈 필요도 없으이
부지런히 땅기운만 받게 꽂아 놓아
더러는 피도 있을 게고
더러는 메뚜기도 뛰어야 제격일세
모두가 살면
자네의 삶도 살찌지 않겠나
그러다보면 가을되어
고개 숙이고 열린 무게들을 발견할 걸세

머무를 것 없네
겨울 오면 추위 떨고

봄 오면 웃고
그냥 그 하얀 마음 위로
곧장 가게나.

하루살이의 명銘

대리석大理石보다는
내가 난 돌개천 물에
그 물가, 풀이파리 귀에
이 말을 새겨 두라.
여기, 하늘보다 간절한 한
목숨이 살다 가노라.
일년一年에 비하면 너무 짧은
영겁永劫에 비하면 너무 긴
하루.
삶보다 죽음이 다인 일생一生, 하루의 삶으로
죽음조차 어여쁜
이 법열法悅을
영원永遠의 갈피 속에 깊이 새겨 두라, "나는 살았노라"고

소 치는 아이

아이의 눈에
소는 산山이다
고삐가 달린 산山
"이랴" 소리 하나면
산山이 강江이 된다
고삐가 달린 강江
강江물은 슬금슬금 언덕을
물어 뜯는다
고삐를 놓아 두고 아이는
언덕에 누워 시집詩集을 편다
시詩속에도
산山이 있고 강江물이 흐르고
하늘이 내려 앉은 풀밭……
소는 꼭 좋아하는
풀이나 풀꽃을 용케 찾아낸다
풀밭에 서 있으면
소는 하나의 고목古木

살아 있는 고목古木의 그루터기
그 위로
매미 울음이 펼쳐지고
고추잠자리의 춤이 꽃피면
가느다란 두 가지 끝엔 어느덧
초저녁 별이 걸려 있다
고삐를 잡으면
고목古木은 다시
넘실거리는 강江물이 된다
강江물은 풀잎, 꽃잎, 별과 달로 가득
오양간에 이르면
소는 눈을 반쯤 감고 비스듬히 눕는다
천년千年을 되새김하는 산山
소 치는 아이는 사실
아무 것도 하는 일이 없다
쇠고삐를 말뚝에 맨다
영겁永劫을 촌음寸陰에 매어 두듯.

창호지

우리의 내부內部와 외부外部를 가르는 것은
이 얇다란 종이 하나
북풍이 칼날을 휘둘러도
우리는 이 창호지 하나를 방패로
겨울을 난다
구름의 포를 뜬 창호지는
그러나 작은 바람결에도 곧잘 약하게 운다
실은 창호지는 눈물에 약하다
작은 눈물바람에도 가슴이 허문다
푸른 하늘에 연이 되고 싶었을까
고명한 선비의 붓 끝에
영생永生을 얻고 싶었을까
창호지에는 연한 풀잎의 힘줄이 드러나 보인다
갈기갈기 찢기울지언정
부서지지는 않는다
차라리 상여 위에 꽃으로 필지언정
그 자리에서 깨어지진 않는다.

깨어지기보다는 오히려 깃발이 되어
펄럭이며 소리치는
실은 대기大氣의 사촌쯤 되는
우리네 하얀 마음
너와 나의 등불을 지키는 것도
실은 이 얇다란 창호지 하나다.

나의 사랑은

사랑아, 난 어떡할까
그냥 갈까, 기다릴까
기다리면 올까, 오면 가지 않을까
왔다 가면 또 어떡할까

된서리야 치든말든
이파리야 떨어지든말든
감나무 맨 꼭대기
까치 몫으로 남겨둔
홍시 하나.

연필로 쓴 시詩

할아버지 제상祭床에
아버지는 연필을 깎아
향香을 피운다
연필 향香은
할아버지의 혼백을 부른다

연필로 쓴 시詩는
언제든지 지울 수 있는 시詩
언제든지 지울 수 있는
만년필 글씨보다는 피가 없는
아무렇게나 돋아난
쑥이나 엉겅퀴 같은

연필로 쓴 시詩는
담배 연기로 쓴 시詩
할아버지 곰방대 끝엔
산골 나그네의

먼발치로 보이는 불빛이 보이고
하얀 날개옷의 선녀도 내려와
나룻배를 탄다

오늘도 손주놈은
무릎을 꿇고 엎드려
담배 대신 연필로 시詩를 쓴다
연필로 시詩를 쓰는 것은
향香을 피우는 마음
올 데도 갈 데도 없는 나그네 시혼詩魂을 불러
하얗게 마련한 제상祭床 위.

너는

너는 무슨 하늘로 벼룬 가슴이기에
나를 이토록 가득 채우는가
너를 무슨 이슬로 빚은 술이기에
나를 이토록 취하게 하는가
너는 무슨 숨결로 짠 고요이기에
안으로 안으로만 파고드는가
너는 무슨 꽃잎으로 만든 떡이기에
먹어도 먹어도 배고픈가
너는 오는가 가는가
너는 무슨 꿈으로 온 나비이기에
붙잡아도 붙잡아도 날아갈 것 같은가
너는 햇살인가 눈물인가
너는 무슨 강물로 빚은 노래이기에
사랑도 눈물도 흘러흘러 넘치는가
너는 무슨 죽음으로 벼룬 육체이기에
나는 이토록 네 속에 침몰하고 싶은가.

파이프

파이프에 사랑을 담는다
보고 싶은 생각을 감고
그렇게 꼬옥 누르고
불을 붙인다
모닥불처럼 타오르지 않고
눈만 뜬다. 잿더미 속에서
너의 눈은 오히려 초롱초롱하다
너의 눈 속에 내가 있고
나의 눈 속에 네가 있다
파이프 속은 너와 나의 사랑의 방
이 방 어딘가 물방울이 떨어진다
시계 추에선 끝없이 물방울이 떨어진다
얼마 안 있어 이 방도 떠내려가겠지
떠내려가면 너와 나는 갈 곳을 잃고
그 어느 길 모퉁이에서
또 담배를 피워 물까
파이프 끝에선 모든 것이 연기가 된다.

2부

인연

기다리지 않아도 기차는 온다
만나는 시간은 처음엔 종달새
다음은 떡갈잎 속 새알 찾기
그러다 물 속에 뛰어들어
이끼 속에 붕어나 잡고
한참 깔깔대다 보면 문득
등 뒤에서 누가 “아빠!” 한다
“여보, 우리 애가 넘어졌지 않아요!”
어디서 왔다 어디로 갔는지
기차는 보이지도 않고
안방에서부터 지평선까지
기적이 하늘을 쓸고 간다.

네 눈의 비둘기들이

네 눈이 비둘기들이
내 눈을 쫀다
내 이마가
봄비 맞은 마당처럼
비둘기 부리 끝에서 깨어난다
멍석과 긴 밤이 걷히고
새소리가 가슴을 누빈다
어린이의 키 언저리에서
하늘은 제일 신난다
온 하늘이 만국기를 달고
운동회날처럼 달린다
달리는 하늘을 보면
내가 멈춰 있는 것을 안다
멈춰 있기보다는 고 자리서 맴돌고 있다
월요일과 월요일 사이를 맴도는 맷돌
삐걱이는 나의 육신
눈구멍에 쐐기라도 박아야 지탱할까 말까하는

간판과 구호와 관의 행진 속에
네 눈의 비둘기들이
내 눈을 쫀다
가마귀 부리보다
한 겹쯤 가벼운 분홍빛으로
죽음에서 곧장 삶을 찍어낸다.

행복

무지개 좀 풀어줘요 목이 아파요
벌집 좀 벗겨줘요 머리가 쑤셔요
가시 좀 빼줘요 가슴에 피가 나요
그리고 우리 아주 아주 작아져요
당신과 나 두 눈빛으로만 남아요
이슬방울처럼 이슬방울처럼
그리고 우리 반딧불 속에 들어가 살아요
노랗게 노랗게 그렇게.

6척尺의 촌사寸士

어디서 왔다 어디로 가는지 모르는 하얀 길
길을 따라 그 조그만 너의 영토를
어루만지듯 어루만지듯 밤새 헤맨다
산모롱이에 떨어진 까만 별을 줍다가
길섶 빨간 들장미에 입술을 댄다.
초여름 떡갈잎 속에 숨겨둔
이름 모를 새알 하나, 둘
언덕을 지나 미끄러지듯 골짜기에 이르면
문득 어느 깊은 골에서 숨어 흐르는 물소리
미친 듯 치닫는 나의 발부리에
오, 천년을 숨어 흐르는 비경의 샘물
마셔도 마셔도 목마른
조그만 하늘이여
땅 끝에서 땅 끝까지
6척尺도 못 되는 촌사寸士
내 이토록 밤낮을 두고
너의 영토를 헤맴은

걸어도 걸어도 내 발이 미치지 못하는
지평선이 있기 때문이다
파도 파도 내 손 끝이 닿지 않는
지각地殼이 있기 때문이다.

편지

사십 촉짜리 등잔 밑에
배 깔고 엎드려
지금 네게 편지를 쓴다
그냥 이야기를 좀 하고 싶은데
밤낮 사랑이니 행복이니 케케묵은 소리만 생각나고
미안해
시인에게는 시밖에 입이 없나 봐
풀밭엔 반딧불밖에 눈이 없듯이
종일 네 전화만 기다렸지
전화통에서 느닷없이 햇살이나 쏟아진 것처럼
햇살로 콩나물이나 기르려는 듯
온 방이 시루처럼 텅 비어 있었어
비어 있다고는 하지만
납세고지서도 청첩장도 신문도 라디오도 여전하지
그러니까 지푸라기를 좀 태워
빈 시루에 가득 재를 채웠어
그건 그렇고

어때? 이사는 잘 했어? 엄마는 뭐래? 새집 주인은?
새집에 가면 거미줄이 많을 꺼야
항상 그렇지만
혁명이, 꼭 빗자루로 시작하는 것은 아니지만
있잖아. 우리 자칫하면
공문서만 메꾸다 사망신고서까지 써 놓고 말지.

별은 물음표

전화 고맙습니다
전화는 짙은 안개 속에 가늘디가는 꽃실 한오라기를
내 목에 감아 놓고 돌아앉았습니다.
아픔만 아픈 것이 아니라 가냘픔은 목을 끊습니다
조그만 당신은 멀어지면 더욱 작아져서 바늘끝보다
아프게 나의 귀와 눈과 가슴에 꽂히는군요
거기도 밤하늘이 보입니까?
당신이 수놓은 이 아픔들이 보입니까?
제가 사랑을 압니까?
별은 눈물이 아니라 거꾸로 선 창 끝 같은
물음표입니다.

꽃꽂이 유감有感

우린 또 하나의 장미를 꽃꽂이에 소비했어
말하자면 우린 극장을 나와서
눈물자국을 지우고 코 푼 화장지를 버렸지
사실 세상은 자동自動차 투성이고
시간은 고속高速터미널에 가면 얼마든지 예약할 수 있어
고속高速버스는 의자에 부착된 안전벨트에
너와 나를 붙들어 맬 거고
그럼 우린 적당히 손이나 만지작거리며 웃지
그러니까 이제부터 우리는 손님이 되는 거야
여행가방 속에 때묻은 손수건이며
브라자며 피묻은 속옷 같은 걸 구겨넣고
높다란 시렁 위에 얹어 두는 거지
시렁 위에 새앙쥐라도 숨어
너와 내가 살아온 시간을 까먹기나 기다리며
추억이란 손가락 사이에서 때걱거리는 호두알
딱지가 내린 견고한 공허
공허에 공허가 맞부딪는 소리

이 고속도 고독에 몸을 맡기고
차바퀴에 무더기로 짓밟히는 장미를
행여 너와 나의 심장이라고는 생각하지 말 일이며
있잖아
이발소에서 금방 나오듯 산뜻한 얼굴로
그 숱한 시간 쯤 자르고 나오지 뭐
아프지 않게 아프지 않게
아프지 않게 아프지 않게 시간은
아프지 않게 아프지 않게
시간은
이마 위에 칼자국을 내놓고
거울 뒤에 숨어서 깔깔대고 웃는데
정작 피가 나는 것은 이마가 아니라 가슴이다
장미가지에는 아픔밖에 피지 않는다
피나는 아픔
피어나는 아픔
피어 지는 아픔

아픔은 장미에 꽂힌 한 자루 은장도처럼
나의 삶을 대표하고 사랑을 대표한다
시간이 그토록 조심스러운 도전을 해오는 것도
우리의 칼싸움에 승자는 없기 때문이다.

새끼줄

소새끼뒤에개새끼개새끼뒤에소새끼줄줄이새끼줄새끼에서에미로에미에서새끼로시어미에서며느리로며느리에서시어미로한새끼줄에줄줄이꿰어찬포수신이여당신의신은몇문이나되기에당신의짚신은몇문이나되기에꼬아도꼬아도모자라는새끼줄입니까

양반새끼아들은쌍놈의새끼고쌍놈의새끼아들은또쌍놈의새끼고신문지짝에나붙은쌍판떼기빼고는하나도제대로된게없는활자活字들활자活字가아니라사자死字들

넥타이에서넥타이로사슬에서사슬로소새끼에서개새끼로개새끼에서소새끼로줄줄이새끼줄선비집외아들목매달아죽은썩은새끼줄.

합창

때까치가 운다
차돌멩이 돌팔매질
참대밭이 무너진다
묵은 항아리가 깨진다
수천 사발의 햇살이
와르르 쏟아진다
어둠이 허겁지겁 덕석을 말고
젖은 빨래를 걷는다
아침 속 모든 것은
푸른 서슬을 단다
그것은 칼이다 창이다 폭포다
구두창이 터진다
고속도로가 폭발한다
공동묘지가 폭파한다

시방 여기
깨어지지 않은 것은
깨어나지 않는다.

뜰에 콩깍지 깐 콩깍지인가 안 깐 콩깍지인가

도깨비 나라에선 두꺼비가 왕이다
도깨비는 도리깨가 아니다
도리깨는 아프니까
아픈 것은 도리깨가 아니고
도리깨를 맞는 사람이다
도리깨를 맞는 사랑이다
사랑은 눈알이 튀어나온다
사랑은 깐 콩깍지
도깨비는 도리깨와 깐 콩깍지이다
때리고 맞아도 눈깔이 없으니까
두꺼비 배만 불룩하다.

비

비는 아무래도 시골뜨기 냄새가 난다
지푸라기 주렁주렁
막차 타고 올라온
선머슴 같은 데가 있다
문을 두들겨야
모두 통행금지가 넘은 시간에
비는 자꾸만 비틀거린다
비는 싸리비 하나로
정부청사 청소부 자리나 하나 찾다가
아스팔트 위에 쓰러진다
비는 비명이 없다
지나는 사람 눈시울에 매달려 보지만
이제 그걸 눈물이라 아는 사람은 없다
천둥도 치고 벼락도 내리는 일이 있지만
빗소리는 역시 신음소리에 가깝다
푸른 팔뚝이 발에 밟히고 자동차自動車바퀴에 으스러지고 있다.

나의 날개에 대한 명상

붓을 날린다
새털 같은 날에
붓을 날린다
새털 같은 날에
새털을 날리는 것은
날과 글이 함께 날으는 이치
해 나면 맨발로 뛰고
해 지면 늑장을 부리고
달 뜨면 또 한 잔 기울면서
이태백 그렇지 않소?
붓을 날린다
멈추면 떨어지고
고이면 썩는 마음
찌푸린 이마에 힘 준 어깨에
똥이나 깔기며
붓이 날은다
이름도 날리고

재산도 날리고
무지개도 날리고
푸른 허공에 동동 떠가는 나의 글
구름은 또다시 백지다.

백지白紙

너를 그리면
네가 없다
너와 나를 묶고 있는 것이
마치 하나의 영원한 결별처럼

너는 나를 꽃이 되라고 한다
너는 나를 나무가 되라고 한다
너는 나를 돌이 되라고 한다

내가 꽃이 되면 너는 이미 없다
내가 나무가 되면 너는 이미 없다
내가 돌이 되면 너는 이미 없다

너는 얼굴을 가리고
상처난 가슴을 내밀 뿐
너의 영혼은 또다시
스스로를 침묵 속에 묻고 만다

사랑은 파괴다
오 비센떼 알레익산드레
밤새 너를 파헤쳐
네 속에 시를 뿌린다.

세상에서 가장 시시한 시

내게는 두 개의 눈이 있습니다
한 눈은 다른 눈에게 외롭다고 말합니다
다른 눈도 다른 눈에게 외롭다고 말합니다
내가 쓰는 이 시는 두 눈이 지켜보고 있습니다
시는 기어가며 자꾸 눈치를 봅니다
한 눈은 야 똑바로 걸어 합니다
다른 눈은 됐어 그게 바닷게야 합니다
나의 시는 항상 두 편입니다
한 편은 기어가고 또 한 편은 씁니다
씌어지지 않은 시와 씌어진 시
나의 시는 두 개의 외로움을 가지고 있습니다
시는 시의 이전이며 시의 이후입니다
시는 말이 없습니다 시는 반 조각입니다
파도는 반 조각입니다
파도와 파도에 부서지는 햇살
두 눈이 맞닿는 수평선
나의 햇살이 태어나는 수평선을 향하여
달려가는 나의 시는 맨발입니다.

한밤의 이야기

모두 버리고 당신 머리칼에 매달린 작은 바람이 되고 싶은 밤이 있습니다 뭐 따로 갖출 게 있겠습니까 아무 데나 떠서 자다가, 당신께서 산보를 나오시면 달려가죠 하지만 걱정은 마세요 난 아무 말도 안 할께요 당신 머리칼에 붙은 또 하나의 머리칼 어쩌면 가벼운 당신의 봄 마음

모두 버리고 당신 귀만을 위한 작은 귀뚜라미가 되고 싶은 밤이 있습니다 뭐 따로 갖출 게 있겠습니까 이슬 조금하고 나의 왼발을 걸칠 작은 풀줄기 하나 달이 아무리 밝아도, 굳이 달구경을 나오시라는 소리는 않겠습니다 거기, 불타는 고요 하나, 창문 하나만 밝혀 두세요

모두 버리고 오직 당신 밤을 위한 작은 밤이 되고 싶은 밤이 있습니다 뭐 따로 갖출 게 있겠습니까 당신은 불을 끄시고 저는 눈만 감지요 이윽고, 당신 밤과 나의 밤 사이에 은하수가 놓이고, 당신 대신, 내 대신, 그 많은 별들이 우리의 사랑을 노래하리다.

불 켜진 창

"그동안 어디 계셨어요?"
네가 내게 물으면
나는 대답하겠지 : "내 방에"
"그럼 지금은 어디 계세요?"
네가 물으면
나는 네 귀바퀴에 더욱 다가가서
"여기"

"네가 어떻게 여길 왔지!"
내가 네게 물으면
너는 대답하겠지 : "그냥……"
내가 자꾸 대답 좀 하라고 하면
너는 뭔가 설명을 하려고 하겠지
가령 봄이라든지 안개라든지 아니면
산들바람이라든지, 아니면
그때 갑자기 나가고 싶은
날아가고 싶은 마음이라든지……

허 참, 그래 무슨 바람이 불어
네가 여기까지 왔니?
밤이다. 난 아무것도 보이지 않아,
말해 봐. 말 좀 해
이 막막한 어둠 속에
불 켜진 창 하나,
그 속에 부질없이 우리의 꿈을 깨는
어린애 울음소리

처마와 치마

처마는 새색씨
저고리 앞자락
봄을 품은
제비집

처마는 새색씨
속눈썹
살구나무 가지
살구 열매 매달리는

꽃 보면 웃고
비 오면 우는
처마는
우리네 살림의
지푸라기 하늘

어머니는 오남매를 두시고

작년에 돌아가셨다
처마는
벌과 눈물의 나루터

뜨락에서 자라는 비는

뜨락에서 자라는 비는

11살 111살 11 111살
어머니가 돌아오지 않는 나이
모가지만
11자 111자 11 111자

뜨락에서 자라는 비는
병아리 발가락 병아리 부리
병아리 귀바퀴까지
11개 111개 11 111개

11년이 가도 111년이 가도 11 111년이 가도
뜨락에서 자라는 비는
11살, 해질녘까지
토방마루 토닥거리는
발가락 소리

하늘을 다 살아도
기다림은 끝내 어른이 되지 못하고.

참새

참새는 새가 아니다
이파리다
앙상한 겨울 나뭇가지
기침 소리처럼 피어난
이파리 몇 낱

이파리라기보다는
보리밭 이랑에 흩어진
거름덩이 흙덩이
같은 사랑
노래

참사랑은
참새처럼
아무 데나 아무렇게나
널려 있다
열려 있다

아무나 참새를 잘 잡지 못하는 것은
그것이 맨 처음이나 맨 마지막에 있어
큰 것만 노리는 우리의 가늠쇠에
잘 들어오지 않기 때문이다.

검정 고무신

신은 신이 아니다
신은 검정 고무신
신 중에서 가장 질기고 검은 신
신은 뱃가죽을 땅에 맞대고
땀과 때에 절은 삶
그 가장 밑바닥을 떠받고 산다
신 중에서 가장 싸구려 신
검정 고무신은 지푸라기 신주의 후신
우리네 최초의 문명이면서
최후의 운명
검정 고무신은 문명과
십자가 피 마른
불타진 십자가의 미소
미소라기보다
그냥 우리네 어버이의 그을은 살갗
옥양목 두루마기로 가리고 가려도
자꾸만 빠져나오는

장날 아버지 행차의 안타까움
아니면
겨우 떼어놓고 사립문을 나설 때
어느새 문지방까지 따라나온 쌍둥이
그 꾀죄죄하고 밉고 예쁘고 예쁜
부끄러움 한 쌍.

피라미 잡이

– 바다의 노인 헤밍웨이에게

바다가 아닙니다
시냇물이지요
고래가 아닙니다
피라미입니다
상어가 아닙니다
물살입니다
삶은 하오 다섯 시 쯤
물살에 씻기우고 있습니다
내 삶의 발가락과 때와 닥지
뼈마디를 떼가는 물살에
물살 만큼 나는 여위어갑니다
월화수목목목목……
이윽고 땅거미가 지고
나는 산그림자에 묻혀갈 것입니다
피라미를 낚아 올립니다
햇살 하나 반짝 합니다
인생이 뭐라구요, 헤밍웨이씨?

버들가지에 반짝임 몇 마리를
꿰어들고 돌아갑니다
은하수가 별 몇 마리를
꿰어차고 졸래졸래 따라옵니다.

외도

나이 사십이 가까워서
외도를 한다는 것은 신나는 일이다
9시와 5시 사이
대롱대롱 매달린 바지가랭이를
풀 멕여 다리미질해 입고
휘파람처럼 외출을 한다는 건
신나는 일이다
예수도 33세에 죽고 부활했지만
나이 사십이 가까와 오면
앞 뒤에 죽음이 보이는 나이
구공탄처럼 구멍난 가계부를 날려버리고
양말이니 구두창이니 무덤들을 떨쳐버리고
하숙집 떠나듯 가벼운 여장으로
하늘 앞에 선다

지상의 꽃들아 문 열어라
내 몸 좀 풀고 가야 되겄다!

작약꽃 송

피를 이야기하고 싶지 않다
비가 오지 않은 날 꽃을 이야기하고 싶지 않다
작약꽃 이파리가 천날보다 파랗던
하루
파랗다기보다 일곱 가지 색깔의
이불 무늬
이게 처음이에요
사랑은 항상 첫 눈이다
꽃을 가져왔다 작약꽃
세상의 모든 꽃은 최초의 꽃이다
어둠은 눈 하나가 부족하다
새벽은 가슴 하나가 부족하다
작약꽃
그냥 괜찮아요 그리고 나는
피도 술도 아닌
밤도 새벽도 아닌
눈도 가슴도 아닌 꽃 한 송이를 보았다

작약꽃

작약은 꽃의 반대편에 핀 하오의 무늬
어떤 언어의 손길로도 꽃 피울 수 없는
노을
너무 황홀해서 색깔을 잊어버린
너의 이름이다

가벼이 가벼이

술에 취해
꽃술 입술에 취해
그냥 환해져요
여름 한낮 캔맥주처럼
캔맥주 거품처럼
가벼이 가벼이
바다 물거품처럼 웃어요
파도에 이름이 있나요
하얀 치아에
하얗게 부서지는 햇살 뿐이죠
생각도 무게를 덜고
피도 색깔도 덜고
눈도 빛을 감추고
우리 가벼이 가벼이
만나요 우연처럼
그리고 우연처럼
웃는 모습 그대로 헤어져요

서운하게

서럽지는 말고

그냥 서운하게

먼길 떠나듯 그냥 그렇게

떠나요, 어제도 버리고

내일도 버리고

오늘도 모르게

가벼이 가벼이

머지않아 우리 사랑은

꽃이파리가 되고, 물거품이 되고

가랑잎이 되어 매달리는 것을 보리다

무거운 것은 옮겨가지 않아요

무거운 것은 꿈에 들어갈 수가 없어요

가벼이 가벼이

우리 봄여름가을겨울을 맞아요

우리 그렇게 봄여름가을겨울이 되어요.

이마에 서너 마리 갈매기 떼나 더불고

오지 말게
일곱 평 반짜리 나의 꿈으로
나의 이 비좁은 아파트로
밤은 내일을 위해 잠을 자야 돼이
여기 또 자리가 어디 있는가
다섯 자 반 초죽음이 다 된 이 육신을
감싸줄 이불 하나와
잠들기 외로울 때 나의 말벗이 되어주는
돈 끼호테 한 사람이면
나의 방도 밤도
무엇하나 발디뎌 놓을 자리 없으이
때로 창문을 두들기는 찬비의 손가락과
망막을 후벼파는 눈발의 손톱이
아파도 아파도 아파트는 그런 곳
나날의 피로와 술과 내일 일로
아픔도 아파트도 초만원일세
찬 바닷길 밟고

밤마다 이 비좁은 아파트를 찾는 자네
한번 떠났으면 이제 거기 그냥 머물게
세월이 지나 세월이 한 뼘 쯤 남거들랑
그 때는 우리 한번 쯤 만나도 돼이
이마에 서너 마리 갈매기 떼나 더불고.

이별은 두 별

우린 없어야 하겠네
우린 너무 뜨거워서
차라리 돌이어야겠네
돌보다는 눈이 너무 살아서
보석이어야겠네
보석이기엔 새끼 손가락이 너무 아파서
그냥 허공에 내동이쳐진.

홍차 한 잔

사랑아
시나브로 햇살 한 자락 머물다 가는
아침나절이 되자
아니면
땅거미 지기 전 한때
얇디 얇은 햇살이나 깔고 앉아
그냥 마주보고 웃자
어느 시간 속도 아닌
너와 나의 눈길 속
따옴표 같은
고요 한 잎
홍차 한 잔에 띄우고
피도 말고 물도 말고
그냥 홍차 한 잔.

6월의 비는 창대같다

6월의 비는 창대같이 쏟아진다
6월의 비는 참대를 심는다
댓이파리가 뽀얗게 흩날린다
파란 아우성이 성을 쌓는다
묵은 기왓장을 닦으며
비는 하루 종일 성을 쌓고
참대를 심는다

6월의 비는 밤새도록 잠도 안 자고
아침 출근 길에 나와 지우산이라도 있느냐고 묻는다
아무 종이 같은 데라도 자기 말을 받아쓰라고 한다
아니면 감기나 붙들고
3백 예순날을 출근부 도장처럼 기침이나 하라고 한다
비는 은근히 내 안부를 묻는다
옛친구처럼 문득 악수를 청하며
내 손을 어루만져준다
(나는 구태여 내 따귀를 때린 일을 말하고 싶진 않다)

놈은 역사가 자신의 발자국이라고 생각하는 모양이다
허공을 걷지 않는 게 살아 있는 거라고 귀띔을 한다
내 키가 1미터 70이라니까
놈은 웃으면서 내 키를 9만 장천까지 늘려주겠다고 한다
나는 오늘 일이 많다고 긴 이야기는 다음으로 미루자고 한다
놈은 긴 이야기가 아니라고
내 이마를 친다
어제의 비는 오늘의 비가 아니라고
비는 빗방울이라고

6월의 비는 창대같이 쏟아진다
6월의 비는 참대를 심는다
묵은 담장을 허물고
나를 아우르며 으르렁대며
파란 아우성으로 성을 쌓는다
사방에 죽순이 솟아난다
죽순 사이 9만 장천의 키 큰 참대나무도 보인다.

참새는 없다

고속버스는 죽었다
죽은 바퀴가 산 사람을 휘몰아간다
밤 속으로 빗 속으로 회오리 바람 속으로
아홉 시와 다섯 시 사이에서
종이와 종이 사이에서
세차게 굴러가는 나의 바퀴
컴퓨터가 써가는 나의 자서전
자서전 속 앵두나무 하나
1990년 7월 17일 밤 고속버스 여행
소녀는 앵두나무 가지에 앉은 참새가 가엾다고 한다
소녀는 참새 한 마리를
내 손에 쥐어준다
가슴이 파르르 떨어요
산 자락에 불 밝힌 창 하나
불빛이 파르르 떨어요
고속버스는 0시를 향하여 치달았다
고속버스 속 모든 시간은 0시

컴퓨터의 말:Abort, Retry, Ignore?
참새는 없다.

이야기가 너무 없어 슬픈 날은

세상에서 가장 쉬운 쉬운 시로
쉽게 손을 잡자 구름아 고속버스 13,4번 쯤 자리하고
흰 블라우스 차림의 동그라미
목 뒤에 스카프 자락이나 하나 나풀거리며
세상에서 가장 쉬운 이야기로
연애나 하자 구름아
그 차가운 치아도 반쯤 감추고 하늘 냄새는 다 죽이고
이 밤 긴 여행길의 두 밤손님처럼
차창에 후둑거리는 빗방울이나 되자
슬픈 이야기는 빼고 바람을 잠재우고
세상 모든 연인들처럼 손가락 만지작거리며
동서울 종착역 쯤에서 아무 일 없이 우린 또
내일의 구름이 되자
잘 가
인사까지 남는 너와 나의 이야기
가느다란 실오라기 하나 없이 슬프디 슬픈
너와 나의 의상과 일상, 사실

구름은 한 번도 고속버스를 탄 일이 없다
나의 손바닥에 남은 따스한 감촉만
날개를 잃은 종달새처럼
갈수록 높은 옥타브로 울부짖고
너무 이야기가 없는 이 이야기는 끝내 끝낼 수가 없고.

구두

다윈 이야기를 들으면
나도 분명 새였다
물고기이다가 새이다가
땅에 떨어져서 구두가 되었다
그래서 구두는 우주가 없다
풍선이 없다
구두는 꿈 속에서만
풍선을 탄다
그래서 구두는 항상 찢어진 풍선 꼴이거나
구석에 내동댕이쳐진 스타킹이다
때로 산 꼭대기에서 물고기 뼈가 발견된다
때로 별에서 새의 날개가 반짝인다
그러나 나는 물고기와 새와 나를
구두 속에 집어 넣는 게 불가능하다고 느낀다
그러나 다윈 이야기를 들으면
구두는 분명 새였다
아프다, 아픔만 현재다

자동차를 타고 간다
제기럴, 나는 참 머리가 빠지도록 기억력이 없다!

또 이렇게 써 놓고

내 곁엔 빨간 촉대가 있다
거기 노란 불꽃이 있다
컴퓨터를 두들기는 나의 손가락이 있다
컴퓨터 건반 위에 빗방울이 쏟아진다
내 시가 밤 하늘에 반짝이다

그러나 이것은 너무 시적이다
나는 사실 빨간 촉대를 놓고
거기 노란 불꽃을 피워놓고
글을 쓴다, 내가 쓴 글에는

빨강물 노랑물이 번진다
내 글은 촉대도 아니고 불꽃도 아니다
그런데 내 글 속에는
빨간 불꽃 노란 불꽃이 반짝인다

이건 너무 시적이다

나는 사실 지금 이 글을 쓰고 있다
내가 써가는 글은 촉대와 불꽃과 글자의 난무장
내가 쓰는 이 글 속
나는 어디 있는가
방안이고 시 속이고 자욱한
담배연기.

나는 이 시에 너를 담고 싶다

나는 이 시에 너를 담고 싶다
너의 그 똥그란 눈과 동그라미와
안경이 시리도록 하얀 치아
구두끈이 빠지도록 깔깔대는 웃음
회초리보다 아픈 너의 허리의 횡포를
이 시에 담고 잔뜩 너를 담고
종로며 광화문이며 인사동으로
너를 찾아 쏘다닐 것이다
너를 찾아 네게 이 시를 보여주고
너의 기뻐하는 모습을 보고
그 쏟아지는 웃음 방울을 다시 이 시에 담고
옆구리가 터지도록 이 시에 담고
그리고 또 너를 찾아 헤맬 것이다
네가 너를 보고 웃으면
나는 네가 웃는지 네가 웃는지 몰라
너를 찾아 헤맬 것이다
그러다 바보가 되고 웃음이 되고

함께 연을 날리고
연줄이 끊어질까봐
이불 속에 너를 붙들어놓고
꽁꽁 못을 박을 것이다
숨막히도록 숨막히도록.

담배

나의 키는 담배 연기 끝에서 끝난다
나의 호흡은 담배 연기 끝에서
대기와 만난다
나는 나와 나의 담배 연기

나의 삶은 죽음으로 끝난다
나는 어차피 귀신 견습생
그러나 귀신도 발길을 끊은 오늘에
담밴들 끊지 않을 수 있으랴

담배를 끊으면 내게서는
시체 썩는 냄새가 난다
향을 피우지 않은 제사처럼
삶은 제사상의 고기덩이의 생리를 닮는다

누가 죽기를 좋아하랴
담배를 피우면

나는 내게 귀신 꼬리가 있음을 본다
귀신에게 귀신이 덜 무섭다

떠나간 여인도 못잊는데
놓고가는 밥숟갈인들 어찌 잊으랴
삶은 샛별이 아니라 꼬리별
담배를 피우는 별

아니다 아니다
손가락 끝에 별을 보고
별꼬리를 따라가다가
마침내 나는 은하수이고 만다
알알이 눈물로 얼어붙은 밤하늘의.

태풍

나는 [술시를 포기한다]는 나의 시가
하나라도 나의 시집에 나오기를 기대한다
내가 [담배를 끊는다]하는 시가
하나라도 나의 일기장에 나와야 하듯이
말도 아닌 이야기들이 내 몸을 점령하고
알코올과 연기가 내 대신 나를 살아가는 게 싫다
내 이름으로 연기가 피어나고 나의 술들이
나의 파이프, 나의 글들이 나를 대신하여
살아가는 게 싫다, 나는
어느 [바람둥이]의 일화로도 채울 수 없는
단 하나의 여인에 굶주려 있다
스핑크스는 싫다, 너무 딱딱하다, 너무 크다 너무
여자가 아니다, 너무
너도 나도 아닌, 예수 크리스토같은 외국어
그 어렵고 멀고 재수없는 것들이
나의 몸과 술을 채운다
나는 술이 싫다, 사랑이 싫다, 삶을 비롯한 모든

시옷자가 싫다, 시가 싫다, 싫으면서
날마다 다시 실험하는
이 안타까움의 컴퓨터, 자동 심장 박동기
나는 어차피 당분간 불멸이다, 컴퓨터나 이 시나
나에 대한 이야기나……싫다
나의 여인은 끝내 검은 상복으로 나를 사랑할 것이고
단 하나의 여인을 내 것으로 만들지 못한 바람둥이는
태양계보다 더 큰 황량함 속에
[씹헐……]태풍이나 돌리고 있을 밖에.

죽음은 항상 남의 죽음이다

죽음은 항상 남의 죽음이다
인류의 마지막 사람에게까지
나는 조문을 가고 싶다
뉴스를 보면 사람은 너무 쉽게 죽는다
버스가 전복되고 불이 나고 죽는다
사람들은 너무 조심성이 없다

슬프다, 죽음 앞에서 슬픔은 늘 혼자다
남의 죽음에 에워싸여 나는
안경테까지 고독하다

나는 나의 죽음을 보지 못한다
어떤 형태로든 나는 현재다, 영원한 현재
내가 과거의 사람일 때

나는 이미 이 세상 사람이 아니다
과거의 나를 나는 만질 수가 없어
나의 죽음 또한 남의 죽음이다.

인생은 결국 소모품

인생은 결국 소모품이다
나일론으로 만든 인생은 무좀이다
인생은 무좀보다는 무명베
면양말이거나 여름 남방 셔쓰, 그 펄럭거림이다가
그 해어진 헝겊조각이나 주름살로
웃음을 벼루는, [죽어도 난 행복할래요……]
파란 대장장이, 아니면
대장간의 쇳물과 그 파란 녹을 닦아내는 걸레

미소는 소모품이다 모나리자는 죽어 있다, 영자만
살아서, [어서 오세요!] 웃지만
떠날 때는 말없이
비싸게 지불한 나의 사랑과 인생을 놓고
눈을 감는다, 못다한 정과 정액과
눈물과 주먹과 이빨과 파도에도
절벽은 눈을 감는다

파도는 소모품이다, 심장은 피는 소모품이다,
소모품이란 닳아지고 못쓰게 되어서가 아니라
담아둘 그릇이 없어 버려지기 때문이다
어느 영원도 노상 뛰고 싶은 이 심장을 담아둘 쓰레기통이 없다.

새벽은 고무장갑도 끼지 않고

새벽은 고무장갑도 끼지 않고
밤새 밤을 빨아
고덕동 산마루에 널어놓았다
우리는 술이 취해 늘 늦게 자고 늦게 일어나고
정치는 술이 취해 수서지구를 물말아먹고
후세인과 부시는 술이 취해
폭탄 위에 폭탄을 퍼붓고
사막 위에 사막을 뒤덮고
바다는 기름 투성이로
물새 울음 하나 건질 수 없는 칠흑의 밤
노스트라다무스는 1999년 지구의 멸망을 말하고
우리는 늘 술이 취해 늦게 자고 늦게 일어나고
새벽과 새댁은
지구 머리 맡에서 늘 과부였다
고덕동 산마루에
하얗게 소복을 한 치맛자락

이상은 천만년 뒤 전설 따라 삼만리 한 장면.

민용태? 당신 누구요?

보르헤스는 중국의 백화사전에서 동물의 종류를 이렇게 구분하고 있는 것을 따왔다: [동물의 종류는, 1황제에게 속하는 동물, 2방부제로 처리된 동물, 3잘 길들여진 동물, 4풋나기, 5인어, 6환상적 동물, 7풀어놓은 개, 8상기 열거한 종류와 유사한 부류들, 9미친것처럼 흔들어대는 종류, 10헤아릴 수 없이 많은 부류, 11고운 낙타 털 붓으로 섬세하게 그려진 동물, 12기타 등등, 13금방 꽃병을 깨트린 종류, 14멀리서 보면 파리같이 보이는 종류, 15금방 파리를 손바닥으로 때려 잡은 종류…… 물론 이 마지막 구절은 내가 덧붙인 종류다, 물론 이 번역은 푸꼬가 [말과 사물들] 서문에 인용한 것을 따 온 것이다 물론 이 글은 푸꼬가 서반아어에서 불어로 약간 틀리게 옮긴 것을 엘사 세실리아 프로스트가 약간 틀리게 다시 서반아어로 옮긴 책에서 내가 다시 약간 틀리게 우리말로 옮긴 것이다, 아! 보르헤스는 서반아 사람이 아니라 아르헨띠나 부에노스 아이레스 사람이다, 보르헤스는 죽었다, 푸꼬도 내가 알기로는 죽었다, 아! [동물의 종류는…… 할 때의 따옴표는 아직 닫지 않았다. 실수가 아니다 실수는 이 글의 유일한 활력이다 이 글을 쓰면서 나는 재미있다고 생각한다 지금 나의 문제는 이 따옴표를 언제 닫느냐 하는 문제다, 아니다, 이 따옴표를 언제 안 닫느냐는 문제다 진시황제는 이 따옴표를 아예 불살라버렸다 그로부터 세상은 시작했다 그래서 그는 만리장성을 쌓았다 혹시 이 따옴표를 다시 끌어오는 놈들을 막기 위해서, 그리고 선남선녀 백명을 산 좋고 물 좋은 우리나라로 보냈다 영생불노초를 캐 오라고 그런데 그 아이들이 미쳤어, 죽을라고 돌아가게? 안 돌아갔다 그래서 진시황제만 죽었다 그 선남 선녀들이 죽었다는 기록은 아직 없다 혹시 너와 내가 그 아이들이 아닐까?

그래서 푸꼬의 보르헤스의 중국백화사전의 서반아어 번역, 불어 번역, 다시 서반아어 번역, 우리말 번역으로 따오고 따오면서 너와 나의 핏줄 속에 젊어지는 샘물을 벼루어 가고 있는 것은 아닐까? 나는 잘 모른다 다만 이 글을 쓰고 있는 것은 민용태다 민용태? 여보, 당신 누구요?

장군의 비밀

좋은 시를 쓰기가 나는 겁이 난다
정말 좋은 여자를 만나기가 겁이 나듯이
신이 나의 시를 보고 있다가
"정말 좋은 시다!" 싶으면
나를 부르기가 쉽다

나도 좋은 시를 보면
시인을 만나고 싶다
시인을 만나서 술을 한잔 하고
사실 시를 쓰지 않아도 좋았을 삶을
시를 써서 더욱 슬픈 삶을
이야기하다 울고 만다

산다는 것은
죽는다는 사실 자체만으로도 영웅 행위다
더군다나 삶에 대하여 시를 쓴다는 것은
코스모스꽃보다 허리가 아픈 웃음이다

시를 써서 100년 이상 숨쉬는 사람이 없다
영웅이 길가의 노랗고 하얀 종이쪽지로 개선장군이 되랴
장군은 칼을 놓는다

이야기는 딱 하나 있다
아직도 내일이 기다려지는 일
이름이 이필녀라던가 임정애? 화성녀?
어떻든 그 여자 하나를 KBS 본관 정문 앞에서
밤 20시 14분에 만나기로 되어 있다
어느 별똥별이 지금 지구와 충돌해도
이 이상은 절대 비밀!

모기

모기는
모 기관의 정탐원이거나
정을 못 버리는 옛 사랑의 가시거나
지금으로서는 성가시다, 나이 50이 돼도
여름이면 꼭 왼쪽 발 복숭아씨를
봉숭아 꽃물 들이듯(이건 말이 너무 아름답다)
피를 빨고 가고(이건 말이 너무 지나치다)
모기의 잔학성에 대하여
나는 반항한다

첫째, 모기에 대하여 나는 원한진 게 하나도 없다
둘째, 나는 모모 여인을 사랑한 일이 있었지만, 그 여자도 시집갔고 나도 늙었다
셋째, 해마다 여름이 찾아오고, 강릉 바닷가도 다시 파도가 일지만, 이미 내 귀도 눈도 멀어만 간다

멀어서 아픈 것이 어찌 모기 소리뿐이랴

모기 하나 온 밤을, 온 방을 헤집고 다니는 걸 보면
저놈은 분명 내게 할 말이 무척 많은 모양이지만
나는 다 알고 있다, 그에게 나의 피가 필요하다는 걸
아름다운 시절의 나의 피를 되씹고 되빨아 내며
조금 간질이겠다는, 약간 근지럽히겠다는
모 기관의 조용한 잔학성

여름마다 모기는 많아도
모기는 잡히지 않는다
잡히는 모기는
볼따구니거나 이마팍
아니면, 그 자리 으깨어진 모기 발, 혹은 주름살
나의 저항은 항아리보다 깊은 잠들기
눈 감기, 뚜껑 닫기
돌아눕기.

왼쪽 새끼발가락

아이는 아랫목에 누워, 문득 손과 발에 수많은 젖꼭지가 있음을 발견한다 아이는 온종일 이 젖꼭지 저 젖꼭지를 빨며 놀았는데, 왼쪽 새끼발가락 하나가 너무 작고 너무 외롭고 너무 이상해서, 한번 깡 물다가 아앙 울음을 터뜨렸다

어느새 그 젖꼭지에도 금이 가고, 나는 지금 나의 발가락에 무좀이 끼어 있음을 발견한다 이 무좀이라는 것은 정말 알 수 없는 것이어서, 내가 죽은 뒤 나의 살을 갉아먹을 박테리아가 미리 와서 진을 치고 있는 느낌이다

그건 그렇고, 이번 겨울은 왜 이리 추운가, 옛날처럼 방바닥에 벌렁 누워 그냥 하루를 보낸다 발톱이 뭉그러져 나간 왼쪽 새끼발가락이 퍼렇다, 작년에 죽은 동생의 새끼발가락을 꼭 닮은…… 어디서 "아앙"하는 어린애 울음소리가 들린다.

민용태는 사고뭉치

2대 독자 집안의 큰아들이 태어났으니, 할아버지는 가장 큰 이름, 클 태太자를 먼저 생각했다 그리고 시시하게 항렬을 따르기보다, 그 원형인 5행의 금金자를 따라 쇠북 용鏞자를 붙였다 그리하여 "민용태"라는 사람이 태어나는데, 그 아이는 "쇠북 소리보다 더 크게" 큰일만 저지르는 사고뭉치였다

민용태는 중학교 때 36등을 한 어두운 촌뜨기 학생이었고, 고등학교 때는 시를 쓴답시고 하늘과 달만 바라보는 이상한 아이였다 가끔 여학생을 짝사랑하다가, 딱지를 맞고 술을 배웠다 그리고 한국 외국어外國語 대학생 민용태는 또 한 번 이상한 아이가 되었다

민용태라는 이상한 아이는 스페인이라는 이상한 나라에 가서 이상한 시를 쓰고 이상하게 이상한 외국 시인이 되었다 이상한 아이가 이상한 이름을 갖고 이상하게 하는 것은 가장 정상적이다 그 중 가장 이상한 것은 민용태가 고국, 고향으로 돌아왔을 때다 고향에선 민용태를 이상하게 외국인으로 본다 아니면, TV의 코미디언으로 본다

삐에로는 운다 민용태도 운다 민용태는 가끔 그 할아버지가 어떤 아이에게 "민용태"라 이름을 붙여 주었는지 궁금해 한다 민용태는 여기 있는데, 그 아이는 지금 어떻게 되었을까 민용태는 지금 고려대학교 교수인데, 그 아이는 지금 어디에서 무슨 몸짓으로 자기 손가락 발가락을 보고 있을까 민용태가 죽으면 그 아이도 따라와 함께 죽을까?

아니다 민용태란 이름표는 죽지 않는다 민용태가 죽는 것은 내가 죽는 게 아니다 어느 마을에 한 아이가 죽는 것을 내가 죽었다고 할 수 있는가? 어느 이름 모를 하늘가, 초생달 하나, 밤마다 파랗게 떨고 있다.

틈

내가 너를 보고 싶을 때
네가 나를 보고 싶을 때
그 보고 싶은 틈 사이, "나"가 있음을 발견했지

너의 틈으로
"나"를 밀어 넣었지
"나"는 사라지고

너도 없고
나도 없는 자리
빨간 별똥별 하나.

거울과 나

아침에 본 예쁜 아이를 데려오라고, 아이는 바득바득 떼를 썼고, "아이는 무슨 예쁜 아이?"냐고 어머니는 온종일 아이를 때렸다

아이의 억울함은 중학생이 되고 고등학생이 되고 대학에 가서야 의문이 풀렸다 그때 아이가 본 것은 아침에 아버지가 보여준 손거울 속의 작은 예쁜 아이 모습이었던 것 예쁜 여학생의 눈동자에서 자신의 얼굴을 처음 발견한 아이는 또 다시 두 번 억울했다

나를 때리던 어머니도 돌아가시고, 날마다 술에 취해 돌아오던 어느 날, 나는 문득 세숫대 앞 큰 거울 속에서 시뻘건 눈으로 나를 노려보고 있는 괴물을 발견했다 괴물은 아침에 본 예쁜 아이를 잡아먹고 지금 막 거울 속에서 나를 향해 뛰쳐나올 기세!

"괴물은 무슨 괴물?", 지금 어머니가 해골을 벗고 나와 나를 콩콩 때려 주었으면 좋겠다 지금 내가 쓰고 있는 것이 그냥 시詩였으면 참 좋겠다.

고인돌

돌과 물의 고향 화순 청풍에 내려오면
시냇물이 하늘을 싸고 흐른다
상추 쌈하듯 시냇물이 하늘을 싸서 나에게 한 입 권한다

서울에서는 귀청을 찢던 물소리가
자동차 소리보다 빠르던 물소리가
여기서는 그냥 들판에 드러누워
손바닥을 위로 하고 하늘을 상추 쌈한다

누워서 떡 먹기, 여기서 산다는 것은
물은 돌과 함께 누워, 세월은 해골과 함께 누워
햇살 같은 새소리로 배부른다

새소리에는 이제 뼈가 씹힌다
나의 나이에도 이제 뼈가 씹힌다
나의 어머니와 동생, 나의 피와 살이 뼈가 되고
나는 나의 해골을 간신히 물살로 떠받들고

오늘 서울서 자동차로 내려왔다

물과 돌의 고향 화순 청풍에 오면
물이 돌이 되고, 돌이 물이 된다
어쩌면 우리는 물, 물이 고인 돌, 구름으로 쌈한 고인돌
자, 여기 그냥 드러누워, 자네도 한 입 들어 볼랑가?

돠섀에 대하여

돠섀는 없는 새의 이름이다
네안데르탈렌시스가 현인류의 조상이 아니라고 밝혀졌듯
우리를 가져온 건 황새보다는 돠섀
없는 새가 지구의 뱃속, 특히 한반도 어머니 뱃속에
우리를 넣어 놓고 갔다

하늘에서 내려온 환웅할아버지가 곰할머니의 뱃속에
단군할아버지를 잉태하게 했다는 이야기는
새가 곰의 뱃속에 사람을 넣어놓고 갔다는 이야기처럼
환상적이어서 실감이 난다 다만
그 새의 이름을 몰랐던 것을 오늘 나의 컴퓨터가 찾아냈다
DNA 조사가 잃어버린 혈통을 찾아내듯
돠섀…… 새가 채 되지 못한 원형질의 소리 새
우리의 사전에조차 없는, 있을 수 없는 것의 이름이
있다: 돠섀…… 그것은 어떤 이름할 수 없는 것의 이름을 찾는 이름
되세, 되세, 되세, 되세

틈에 대한 연구

나는 이 뜨거운 여름을 라만차의 돈 끼호테의 고향으로 떠난다
산문이고 시이고, 지금 내가 죽은 파리이고
이것은 무엇인가 살필
틈이 없다
더러는 길어지고 더러는 짧아지는 시행의 율동 속에서
더러 어려운 전차 시간표, 지도 속에서
더러 고덕동이 보이고 더러 데에사 델 라 빌야가 보이고
까라반첼에 떨어지는 게 아닌가
산다는 것은 술을 먹고 산다는 것 살을 먹고 산다는 것
이정표는 없다 최희준의 "하숙생"만큼도
나를 부를 곡목이 없다
더러 하숙생이 되고 더러 아파트 주인이 되고 더러 개 아버지가 되어
길거리를 쏘다녀도, 쏘다니다 텔레비전 속까지 뛰어들어도
나의 눈은 휘둥그런 공백
눈이 휘둥그런 놀란 토끼 :

산 속의 토끼가 눈 비비고 일어나
세수하러 왔다가 물만 먹고 가지요
아니다. 나는 이번 여름에 "돈 끼호테"를 최초로 우리말로 번역할 것이다
이 뜨거운 여름에 나는 방랑기사가 되어
최초의 길을 떠날 것이다 그리고
똑같은 뜨거운 여름에 돈 끼호떼처럼 나는 되돌아올 것이다
그리고, 마법사가 가져가 버린 그 모든 책을 찾아 서재를 방황하며
나는 샅샅이 그 틈새를 살필 것이다
어디를 통해 나는 방랑을 떠났으며 어디를 통해 되돌아왔으며
무슨 마법으로 나는 또 여기 그 자리에 그대로 있는가
57광년이나 나를 떠나온 자가 누구며, 누가 지금 여기에 있는가
그리고 이 뜨거운 여름에 어느 틈에 나는
세수하러 왔다가 물만 먹고 가지요?

게으름에 대한 명상

바닷게는 어떤 게으름일까
게와 개는 달리 옆으로 간다
옆으로는 갯벌과 바다
게는 갯벌을 거쳐 곧장 푸르름으로 간다

오늘 아침 나는 출근을 포기하고 옆으로 샌다
도로 공사가 한창인 중부 고속도로를 달리다
돌아온다, 머릿속 가득
바다 대신 폭풍우를 싣고

바닷게를 먹으며
나는 원래 게보다는 개에 가까웠다는 생각을 한다
게보다는 개가 소화가 잘 된다
그냥 이대로 계속 앞으로 기어가다가

눈이 부시게 푸르른 날엔
잠깐 한눈 팔기.

술값은 왜 내 차지냐?

내가 마신 술병 세는 버릇이 달라졌다 둘이 앉아서 열 병을 마셔도, 내가 열 병을 마신 것 같고, 다섯 명이 앉아서 쉰 병을 마셔도, 내가 쉰 병을 마신 것 같다 내 나이가 쉰이 넘었다고 하는데, 사실 생각해 보면, 모두 내가 마신 술, 내가 먹은 인생이 아니다 우리집에 백일 사진이라고, 왼손에 무얼 들고 서 있는 아기가 하나 있는데, 이 아이가 산 인생은 사실 내 인생이 아니다 그리고 언젠가 나무꾼 친구들과 어울려 산을 내려오다가 찍은 사진이 하나 있는데, 거기 얼굴 새까만 꼬마가 산 인생 또한 내 인생이 아니다 또한 내 기억에 아버지 호주머니에서 1원짜리를 꺼내어 엿장수에게 엿 사먹고, 어머니에게 혼난 일이 있었는데, 그 아이가 한 행동도 내가 한 짓이 아니다 고등학교 때, 무등산 등산 기념으로 전승구와 찍은 폼쟁이 사진이 하나 있는데, 그 고등학생이 산 인생이 내 인생은 아니다 나는 지금 고려대학교 서어서문과 교수로, 효빈이와 아란이의 아버지로, 내 아내의 남편으로, 시인으로 이 시를 쓰고 있는데, 이 나더러 이 많은 사람들의 인생과 고독의 값을 다 지불하라는 것은

어불성설이다

세상에는 억울한 일들이 많다 숨바꼭질을 하다, 해으름 녘이 되면, 술래가 눈을 가리고 있는 사이, 아이들은 모두 뿔뿔이 사라져 버리고, 혼자 남은 술래에게 산그림자와 부엉이 울음이 덮칠 때가 있듯이, 아니, 이 많은 술 쉰 병 전부 내가 마신 거냐? 그 코흘리개도, 나무꾼도, 고등학생도, 그 고대 교수도 다 가고, 왜 나에게만 이 고독과 어지러움과 술값을 다 감당하라는 거냐? 내가 먹은 건 이 잔뿐이야, 이잔! 알았어? 아니면, 날 죽여!

화장터의 노래

나는 내가 살아 있음을 증명한다
내가 주민등록증이 없는 것이 내가 없는 것이 아닌 듯
내가 살아 있음을 증명하지 못하는 것이
내가 살아 있지 않음을 증명하지 못한다
이 화장터에 내가 없는 것은 내 일이 아니다
내 일이 아닌 것이 내일이 될 수 없듯이
한밤중 불붙은 이 컴퓨터 속의 글씨가
나를 불사르고 재가 되어, 내일 내 일을 망칠 수는 없다

나는 내가 살아 있었음을 증명하기 위해 시를 쓴다
순간순간 불구덩이 앞에 와 있음을 느낀다
나 지금 떨고 있니?
새 아침 이슬 머금은 장미처럼?

새집

자고 나면, 머리에 새집이 지어 있곤 한다 새는 없고, 지푸라기들만 앙상하게 간밤의 온기를 안고 있다 아무리 생각해도 새를 본 적은 없는데, 사람들이 먼저 알아보고. "민 교수님, 머리에 새집 지었네요!"한다 아무리 머리를 다시 빗어도, 자고 나면 어김없이 내 머리엔 새집이 남아 있다

나는 문득 새집이 내 머리보다 먼저 있었던 게 아닌가 생각해 본다 그러니까, 내 머리가 생기기 이전, 거기는 새집이었고, 거기에는 늘 새가 살았고, 그때 새는 내 머리와 하늘 사이를 자유로이 왕래했던 것은 아닐까, 솟대 위의 새처럼, 장자의 대붕大鵬이라는 새처럼

나이 들어, 내 머리에 자꾸 흰털이 비치는 걸 보면, 이건 분명 어떤 새가 버리고 간 깃털이라는 생각이 든다 구두짝처럼 자꾸 반질반질해져 가는 내 머리 보기가 안타까워, 간밤에 먼 은하수에 날아와 이런 희뿌연 기억을 다시 뿌리고 간 새

아니다 새는 아직 내 머릿속에 있다 내 귀에는 아직 새의 날개짓 소리가 들린다 내 이마에 새의 부리가 느껴진다 갈수록 구두창처럼 굳어져 가는 내 이마를 새 한 마리가 쪼고 있다 새 똥이 수북이 쌓인다, 이 시 위로.

구두 끈을 조이며

구두 끈을 매듯 시를 쓴다
발을 시에 집어 넣고 조인다
오늘 만나는 사람은 사랑일까
사랑만 남고 사람만 가면 어쩌나

구름에 달 가듯이 가는 나그네
목월木月은 가고 "구두"만 남았다
구두는 가고 구름만 남았다
해는 가고 달만 남았다

발은 가고 달이 남는다
눈은 가고 별이 남는다
사랑은 가고 시가 남는다
시는 가고 구름이 남는다

구름에 달 가듯이 가는 나그네
오늘 만나는 사람은 사랑일까

사랑만 남고 사람만 가면 어쩌나
구두 끈을 조인다.

나무 나비 나라

시詩에는 나무가 자라지 않는다 "나무"라고 쓰면 중국인은 "나, 무無"라고 읽는다 "나비"라고 쓰면 중국인은 "나, 비非"라고 읽는다 우리나라 사람은 나무가 자라고 나비가 춤춘다고 읽지만, 시詩에 있는 나무에는 내가 없고, 시詩 속의 나는 내가 아니다 서양 사람들은 나의 얼굴에서 중국 사람을 보지만, 나는 중국인도 시詩도 시詩아닌 것도 아니다

내가 없는 곳, 내가 아닌 곳에서 나는 와서, 나는 내가 모르는 곳으로 간다 내가 나를 느끼는 것은 외국外國에서이다 내가 나를 느끼는 것은 시詩 속에서이다 나의 시詩 속에는 내가 없다 내가 아닌 곳, 내가 없는 곳에서 나는 나를 느낀다 나무 나비 나라.

3부

아, 인생

누구냐
번갯불에
콩 볶아 먹고
벽壁에
똥칠하는 놈?

스페인 식 유모어

– 시인 Miguel Galanes에게

인생은
산부인과 의사가 장의사에게 보내는
소포

강보에 싸거나 수의에 싸거나
다 비었거나 웃기기는 다 한 가지
떨리는 나무 이파리

벌인지 별인지

날아오는 별에 뒤통수를 맞는 일은 없다
날아오는 벌에 눈앞에 깜깜해지는 일은 있다
갑자기 불어닥치는 눈발에 비틀거린다든지

날아가는 세월 하늘을 바라보면
지나가는 구름이 이마에 와 붙는다
쓸쓸한 것이 어찌 가로등 뿐이랴
고독한 것이 어찌 고목 뿐이랴

어느 바람 소리 하나 임의 발자국소리 아닌 게 없다
어느 바람 소리 하나 한숨소리 아닌 게 없다
황진이는 가고 없다

(좀 더 덜 비극적으로 말하면)
살다보면 안 보이는 살도 살붙이도 많고
안 보이던 곳도 보이고, 예를 들면
해골에 붙어 자라는 머리카락이나

북두칠성, 거기엔 사람의 운명을 점지하는 칠성신이 살까?

사람이 이렇게 대책 없이 늙어가도 되는 것인지
가다 보면 길이 있는 것인지, 길은 없고
은하수 있어, 이 발 별 되어 날아가는 것인지

고향 무정

이미 아이가 아닌 나이
나이테 이마에 달고
고향에 돌아오면
이미 돌아간 사람들이 많다
돌담에는 담쟁이덩쿨보다 앙상한 손가락들이
붙어 있다, 제기풀을 뜯던 나의 손가락도
죽은 동생의 장난기 섞인 웃음도 붙어 있다
돌아간 어머니 아버지는 언제 돌아오나
재 너머 먹구름만 너울너울
길 잃은 아이 하나 길바닥에 주저앉아 울고 있다
노인 하나 물끄러미 우는 아이를 바라본다

신의 고독

떨어진 고무신이라도,
찢어진 검정 고무신짝이라도 있었더라면
바로 엿장수에게 주고
저렇게 아이들을 울리진 않았을 거다
사람들은 엿 한 가락, 노래 한 가락 읊조리며
한오백년 서러운 사랑을 살았을 거다

다들 신도 신발도 없이 죽어 가는 길로 가게 해놓고
검정 고무신 한 짝 안 주고 짝 맞추어 살라고 하고
엿장수가 어디 있냐
아이들은 가을 햇살처럼 늙어가고
사람들은 병들어 죽어가고
느닷없는 지진이나 쓰나미에
핵폭탄처럼 늘어나는 신음소리 기도소리

신은 신음한다, 고독하다, 도망가고 없다
얼굴이 있어야 얼굴을 내밀지

바다에 눈썹 떨구고 파도 속 치아를 내보인다
바다는 빠진 그 의치를 무슨 엿장수에게 주고
귀신들의 울음을 달랠까?

소나무

소나무
오늘 너의 이름은 고독이다
파란 뼈마디마다 바람이 스민다
사랑은 사랑은 다 떠나가고
붙잡을 손 하나 없이
볼 부빌 뺨 하나 없이
잠 속에서도 너의 꿈은 서 있다.
목이 길어서 슬픈 짐승이여
솔가지가 꺾여서 아픈 게 아니다
나와 똑같은 웃음, 나의
동생도 아버지도 눈 감고
시방 간신히 눈 뜨고 있는
별의 사촌쯤 되는
이 땅의 귀신 견습생
오도 가도 못 하는
우리네 인생길
나에게서 나에게로 오는 길에

나이와 고독과 비와 키만 자라
이제 60넘은 머리는 구름보다 희고
하늘 속에 눈만 묻고 살게 되다니

그리움은 무좀처럼

그리움은 무좀처럼 발을 근지럽히고
가던 길을 멈추게 한다
잊어버린 세월의 틈바귀 어디 숨어 있다가
문득 근지러움으로 나를 붙드는
잃어버린 것들의 작은 소리

빠지는 머리와 빠지는 이빨
날아가는 나이를 붙들어 맬 끈이 있으랴
살아갈수록 날로 그리움만 무좀처럼 번져
돌아보면 보이는 것보다 보이지 않는 것들
하늘보다 허공이 구름보다 바람이 많아
이마에 기러기떼 떠나고
눈가에 찬 여울 물살 깊어질 즈음
소나기, 여우비처럼, 돌아가신 어머니
아버지 두루마기 자락이 눈물 속에 나타난다

잃어버린 것은 무좀보다 쑤시고 아프다

그리움의 무거움은 허리를 못 쓰게 한다
그리움은 무좀처럼 무덤처럼 날로 무거워지고
끝내 나는 땅 밑에 묻히리라
땅 밑까지 무좀은 따라오겠지만
죽어서도 그리운 것이 많으면 귀신이 된다
이러다가 무좀 허옇게 뒤집어 쓰고
불쑥 전설의 고향에 나타나는 것은 아닐까
아니면 무덤 옆에 우두커니 들국화로 피어 있든지

봄비는 나폴리에서 온다

1

봄비는 나폴리에서 온다
온 세상은 항구다, 아늑하다, 아득하다
하루살이 하루가 창가에서
뱃고동 소리처럼 멀어갈 때
봄비가 핑크빛 포도주에 입을 댄다
입술이 파르르 떤다

봄비는 나폴리에서 온다
떠나는 사람들이 돌아온다
발자국소리도 가늘게 가슴으로
온다, 가슴으로 허리로 온다
봄비는 문을 열지 않는 모든 꽃들의
발을 간지럽힌다.

매화가 핀다, 진달래가 핀다, 벚꽃도
웃음을 참지 못하고 꽃가지를 붙잡고 매달릴 때

어둠이야 오건 말건
밤이야 퍼붓건 말건
나폴리는 잠잔다
산타루치아

2

봄비는 나폴리에서 온다
잔잔한 바다 위로 떠나간 소녀가
소녀로 돌아온다, 실오라기 하나
없이 맨발로 물 위를 걸어
허리로 다가오는 4월
핑크빛 포도주 잔에
수많은 4월이 입술을 연다

봄비는 반가운 눈물
봄비는 반가운 밤에 일상의 침침한
눈을 비비고, 귀볼을 어루만진다
4월에는 피어나지 않는 게 없다

오, 눈앞에 보고 있어도 그리운
누이같이 생긴 꽃이여
침대보에 사뿐히 앉는 기적이여

누가 천년학을 말하는가
하루살이 하루가
영원보다 어여쁜
부활의 눈빛, 4월은
나폴리에서 온다, 잔잔한 바다 위로
떠나간 소녀가 돌아온다
맨발로 물 위를 걸어

봄비는 나폴리에서 온다
4월에는 떠나간 것이 모두 돌아온다
모두 꽃이 되어
꽃 핀 여기 오늘
오, 산타루치아!

쥐불놀이

마른 들판에 불을 지른다
너는 마른 들풀
겨울 사랑을 하자고
귀신이 코를 푸는 소리
없는 것이 내는 소리
쥐불놀이 불똥
마르고 말라도 사라지지 않는
그래, 그런 사랑을 하자

너와 나의 사랑은 쥐불놀이
쥐도 늑대도 가고 없고
마른 들 불 질러 들풀 불사르기
불살라도 재가 되어도
그대로 논이고 논둑이고 들인
봄이면 언제든 또 다시 돋아날

너의 이름은 연필로 쓴다

너의 이름은 연필로 쓴다
남이 보면 지워버리라고
남자가 보면 지워버리라
남쪽 바다가 보면 지워버리라
남녘 하늘이 보면 지워버리라
남으로 창을 내지 않으리니

너의 이름은 연필로 쓴다
남이 보면 지워버리라고
난蘭이 보면 지워버리라
모란이 보면 비워버리라
허난설헌이 보면 지워버리라
난간으로 눈을 돌리지 않으리니

너의 이름은 연필로 쓴다
남이 보면 지워버리라고
남은 네 색깔이 향기인 줄 모른다

남은 네 머리칼이 밤인 줄 모른다
남은 네 웃는 입이 여명인 줄 모른다
너의 입속에는 밤과 여명이 하나

너의 이름은 연필로 쓴다
남이 보면 지워버리라고
지우면 손가락에 묻어나는 너
지우면 가슴에 스며드는 너
지우면 아지랑이로 돌아서는
4월로 다시 돌아와 내 눈 앞에 선

안개꽃

안개 없는 꽃은 꽃이 아니다
구름 없는 달은 달이 아니다
구름과 아지랑이 사이
얼굴을 내민
4월, 4월의 미소

너의 미소는 아지랑이
너의 눈은 안개에 젖어 있다
너의 목소리는 물안개 솜사탕
너의 허리는 안개에 휩싸이고
나는 네 속에서 헤어나지 못한다

그리움이 없는 꽃이 있는가
아픔이 없는 달이 있는가
흐린 시야 속 가까스로
눈을 뜬 이슬방울
안개꽃, 사랑보다 안개가 많은

밤 하늘에 누가 별을 말하는가
인연이 꽃순처럼 향그러울 때
문득 내 눈 앞에 목숨보다 어여쁜 눈길로 다가선
만져도 만져도 목마른 사랑
별보다 많은 영원의 가녀린 손가락이여

소나기

봄비는 꽃씨
꽃씨는 소나기를 몰고 오고
소나기는 가을비를 몰고 오고
차바퀴가 문드러지도록 계절은 바삐 달리고
겨울의 끝을 잡고
사랑은 노래방에 노래를 묻는다

소나기의 소녀는
소나기는 피하는 게 좋다고
자꾸 집으로 가자고 하고
번개처럼 머물었던 움막의 황토물이
빗물인지 눈물인지 콧등을 타고 올라
무지개 되어 피는데

아무 일도 없었던 날의
뜻밖의 황홀은
소나기와 함께 온다

무지개처럼, 비누방울처럼
그러나 전화와 시간표와 차바퀴에 치어
소나기는 이내 시궁창 물이 되고

달리는 차바퀴에 으깨어지는
별빛만이 갈 길을 잃고
참 사랑은 아름다웠다고 밤하늘을 보면
쏟아지는 은하수 물에
온 방이 홍수 사태.

누가 영원을 말하는가
오늘 없으면 내일 없다
소나기!
사랑하기! 살기!

참꽃

어린 시절 우리 동네 앞산자락에
옹기종기 피어 있던 참꽃들
그것들이 어느새 서울 아차산 뒷산에 와
허리를 곧추 세우고 연분홍 블라우스 차림으로
나를 불러 세운다
그냥 보고 지나쳤던 꽃들이
앙증스럽기만 하던 첫사랑들이 갑자기 일상의 뒷덜미를
잡고
허리를 못쓰게 한다
참꽃과 함께 참새도 서너 마리
나의 눈시울을 잡고 늘어진다
다 보고 가는 것으로, 그냥 먹고 살기에 바빠
다 듣고 가는 것으로, 그저 착하게 산다고 했던
삶이 거짓이 되어, 척추를 못 쓰게 하고
참새는 이미 갔다
참꽃은 진달래라는 사치스런 이별의 이름으로
소월의 시에나 나오지만

이별한 일도 없이 홀로 야위어만 가는
홀로 무거워만 가는 삶의 무게 위에
아, 참꽃, 너, 기적
너머 먼 어린시절 기차를 몰고 오는

인생의 목표는 월계관이 아니다
어느 먼 훗날 내가 보이지 않을 때, 그 때는
봄 여름 가을 겨울 그리고 또
봄에 참꽃 따 먹으러
나 돌아간 줄 알라

첫눈

어차피 잊지 못할 사랑을 위해
첫눈을 맞자
잊어버려 잊어버려
어차피 잊지 못한 목소리와 이름과 무덤을 위해
한없이 멀어지는 눈발 발자국 먼 속삭임의
포근함과 차가움을 닮자

어차피 죽지 못할 삶을 위해
첫눈을 맞자
죽어도 잊지 못할 살의 온기 숨쉬기의 안온함
나는 따스하게 살아 있기에 사랑하기에
나의 죽음은 내 눈에 내리지 않는다
눈을 뜨고 첫눈을 맞자

첫눈이 오는 날은 우리 모두
첫사랑을 만들자
신데렐라와 갱년기 넘은 처녀, 에로 영화배우와

분리수거함에 앉은 아줌마, 재활용품 신
모두와 맨몸으로 연애하자, 처음처럼
겨울마다 오는 첫눈처럼

어차피 우리는 우주의 패잔병
눈물에 앞이 가려 안 보이는 지구여도
오늘 하나의 입술을 소비했음으로
새봄에는 또 작은 입술로 되태어나리니
신의 약속이 아닌, 시도 아닌
이름 모를 길 섶 작은 구름패랭이꽃으로

하루살이

하루살이 입이 없다고 너는 말한다, 하루를 사니까 입이 없어도 사랑한다고 너는 말한다 입이 없어도 먹고 입이 없어도 말하고 입이 없어도 입맞추고… 그 대신 하루살이에게는 날개가 있다 날개로 말하고 날개로 노래하고 날개로 입맞추고 그리고 하늘로 배 채우는 하루살이

땅거미가 질 무렵 너와 내가 함께 노을을 먹는 식당 유리창에는 수없이 많은 하루살이들이 붙어 있었다 쌍쌍이 모두 짝을 지어 꼼짝 않고 있었다 자세히 보니 쌍쌍이 자살하듯 옷을 벗고 있는 중, 더욱 정확히 말하면, 쌍쌍이 지상의 허물을 벗고 있었다

쌍쌍이 허물을 벗는다는 것은 쌍쌍이 옷을 벗는 것과는 다르다. 옷을 벗고 사랑을 한다는 것과는 다르다 사랑은 한 순간의 꿈이라고 남들은 유행가처럼 말들 하지만, 하루살이들은 옷을 벗고 꿈을 벗고 하늘 속에 영원 같은 둘의 하나를 수놓는다 영원 같은 하루를 산다 시를 쓴다

하루살이는 입이 없다고 너는 말한다 입이 없어도 먹고 입이 없어도 말하고 입이 없어도 입맞추고… 너와 나는 놀

란 눈으로 유리창을 바라본다 유리창에는 두 얼굴이 하나 되어 비친다 유리창 너머 먼 하늘이 사방 우리들의 꿈과 식탁을 지켜본다

다섯 번째 단추

너와 나의 사랑은
와이셔츠 다섯 번째 단추처럼
있어도 그만 없어도 그만
없으면 허리띠로 감춘다
아무도 모른다
너와 나의 사랑은
안녕하세요? 날씨가 참 덥군요
기타 등등에 밀려
덥지도 뜨겁지도 안녕하지도 못하고
주룩주룩 비나 퍼붓고
우산 쓰고
마르지 않는 빨래나 걱정하고
마르지 않는 와이셔츠 다섯 번째 단추처럼
떨어지고 없으면 허리띠로 감춘다
그런데 별일이지, 이따금
구름이나 그리움이 내려와
별을 물어 볼 때가 있다, 그때 나는 문득

잃어버린 와이셔츠 다섯 번째 단추
없는 별을 감출 허리띠를 찾는다
허리띠만 있고 허리가 없다
구름만 있고 별이 없다
아아, 너와 나의 사랑은

패스트푸드 사랑

네 잎 클로버를 찾지는 마세요
세 잎 클로버
두 개 이으면
꽃시계가 되죠, 당신과 나
함께 만들어가는 동그라미 시간

궁전 커피숍에서 공주처럼
약속을 두고 만나야 맛인가요?
아무 풀밭에 앉아도 나비 앉으면 꽃밭
그렇게 가벼이 사푼히 만나요
멀리서 날아온 꽃가루처럼

아직도 달에 토끼가 사나요?
토끼풀은 더러 고속도로 갓길에 있어요
거기 바람이나 인연으로
풀꽃 두 개 이으면

꽃시계, 동그란 가로등 같은

(주의 : 꽃시계를 만들기 위해 토끼풀 꽃대를 찢을 때는 손톱을 조심하세요. 자칫 꽃목이 떨어져요. 조심조심, 살짝…)

개구리 참외

개구리와 참외가 붙어서 개구리참외가 되었다는 이야기는 다 아는 이야기고, 누가 먼저 꼬리를 쳤느냐 하는 것은 올챙이나 개구리만 수상하게 볼 일이 아니다

외씨 버선에 치마꼬리 여며 쥐고 옷고름 반만 물고 울타리 옆에서 몸을 꼬던 참외도 "웃은 죄"가 있어, 죄를 논하기보다는, 둘을 떼어놓은 해와 달이 원망스러웠는데, 해는 개구리 편, 달은 참외 편, 하나는 뛰고 하나는 가만 있고, 평생 함께 살 인연이 못되어, 그리움과 안타까움에 속만 타던 한 여름밤, 개구리 목숨 걸고 팍 뛰어 간신히 참외 거시기에 붙었는데, 보름 보름 달밤에 둘이 얼마나 좋았는지 개구리참외가 꿀이 되었다나 꿀이 참외가 되었다나…

개구리는 붙어 안 떨어지려고 몸부림치고, 참외는 손톱으로 개구리 등을 후벼 파니, 풀벌레가 울고 여치가 혀를 차고 별똥별이 떨어지고, 그래도 둘은 떨어질 생각을 안 하는기라, 그냥 개구리 집으로 가서 살든지, 참외에게 와서

붙어 살든지 양단간 결정을 하라고 해도, 둘 다 눈 딱 담고 귀 막고 한순간 하나 되어 공중에 머물렀는데, 지금도 개구리참외를 먹으면 달고 물 많고 꿀맛 별맛인 것이 아직도 물아일체物我一體 오르가즘 중?

일장춘몽一場春夢

꽃만 보고 가기에도
시간이 없다. 봄은 있는 것이
아니라 흘러간다. 흘러가는 것이
아니라 떨어진다. 꽃잎처럼
빗방울처럼

떨어지는 꽃잎에 앉아 세상을 보면
지금 여기는 온통 꽃밭
누가 여기 고통의 바다를 말하는가
누가 눈물의 골짜기에서 우는가

꽃만 보고 가기에도 봄은 짧다
꿈만 꾸고 가기에도 꿈은 짧다

주름

내 이마에는 비가 온다
비가 사자와 싸우다
내 이마 위에 쓰러진다
비는 피가 난다
비는 흘러내리는 것이
흐르는 것이 인생이라 하며
비는 원래 강물이었고
이승과 저승 사이
놓인 강이었고 그리고
살자 살자 사자
물결이 물과 싸우고 파도가 바다와 싸우고
물안개 사랑 먹구름만
부둣가 노래방을 가득 채우고
궂은 비 내리는 밤 궂은 비 내리는 밤을 부르고
비는 오게 되어 있고
내 인생은 가게 되어 있고
해가 짧아지면

비가 아니라 어둠이 덮친다
물러설 길 없다
내 이마에 배 깔고 엎드린 사자
사자의 갈기

나이 들면 들에 살지

나이 들면 들에 살지
들에 살며 들풀도 들쥐도 만나고
동장도 동창도 만나고
아이들이 시끄럽게 굴면
아이에서 어른으로
어른에서 아이로
굴렁쇠 굴리고
그 놈이 이 놈
그 논이 이 논으로 살지 뭐
못자리 뭇자리 다 가꾸고
메뚜기도 투기도 키우고
벌도 별도 치고
그러다 정 심심하면
심 봉사나 불러
어이 그 심청이 파티가 바다 속 몇 번지여
여비는 있는디 자네 그 주소는 잘 안 가?

바람둥이 우주

은하수 맑은 물에
이끼 낀 돌을 주우려다가
긴 시간 우주 여행에
"나"는 놓고 "나이"만 주웠다

"나 이런 사람이야!"하던 사람이
"어쩌다 나 이 지경이…"라든지
"어쩌다 나 이 모양 이 꼴이…"라든지
이게 "나"에게 붙는 무슨
개털이냐고 신경질 내다가
온 털을 면도로 싹 밀어버린다

너를 꼬시려고 하는 나의 마음이나
꼬심 안 당하려고 하는 너의 마음이나
대머리 되어 은하수처럼 빛나는 날
이끼 낀 돌을 찾던 시인의
마음을 그제야 읽으리니

달나라 언저리에서 몇 번이고 도킹하는
우주의 랑데부에도
아직 풀잎 하나 나왔다는 소식 없고
내 코 밑의 이끼와 네 머리 잔 풀이 여름일 때
아직 파란 유성에 살아 있음을 반가워하라

네 눈에 내가 보이고
파란 너 위에 내가 떠 있음이 보이는 것은
은하계의 두 조약돌이 맞부딪치는
공허함보다 한 층 높은 어딘가에
이끼와 물이 있음의 증표이니

우리집

우리집에는 창이 두 개가 있소
환기통도 두 개가 있소
수화기도 두 개가 있소
우리집에는 두 사람이 사는 듯하오

한 사람이 말을 하면 다른 한 사람이 그 말을 듣소
한 사람이 공기를 들이마시면 다른 한 사람이 내뱉으오
한 사람이 음식을 들여오면 다른 한 사람이 밖으로 내가오
그러나 막상 창 밖을 내다보는 사람은 한 사람 뿐이요

이들 중 한 사람이 나를 아는 사람 같은데
그 사람이 창 밖을 내다보는 사람인지
공기를 들이마시는 사람인지 나는 잘 모르오
어떻든 공기를 마시는 사람이 죽으면 밖을 내다보는 사람도 죽소

"여기 나 아는 사람 없소?"라고 내가 소리치면

수화기에서 다시 "여기 나 사람 없소?"라고 반추하지만
막상 대답하는 사람은 없소
창 밖을 보던 사람이 돌아보지만, 그 사람의 얼굴은 보이지 않소
"여기가 우리집이지요?" 물을 때만
무슨 대답이 들리는 듯하오
여기 우리집에 내가 사오
들숨과 날숨 사이 뻐꾸기가 노래하오

사월은 사고뭉치

사월은 사고뭉치 사방팔방 사정없이 색칠하고 다닌다 고속도로에 개나리꽃 개나리 봇짐 풀어놓고 바쁜 눈 바쁜 발 오고 가도 못하게 꽁꽁 묶어놓고 한나절을 깔깔대고 웃고 자빠졌는데 클랙션을 울려도 클랙션소리보다 더 큰 꽃 사태에 다들 발만 동동 구르고 다들 큰일났다고 긴급 소방차를 부르는데 아니 이건 또 뭐여 소방차보다 한 걸음 더 빨리 온 천둥 번개가 벼락 호통을 친다 허허 이 참에 이 세상 혼쭐 한번 나겄다!

공중전화

이제는 공중전화가 필요 없다, 전화 카드 할인도
활엽수도 그 이파리도 필요 없다 핸드폰이 있는데,
손만 있으면 되는데 무슨 공중 대화?

나는 왜 쓸데없이 아픈가. 아카시아
나무 홀로 서서, 눈 속에 혼자 있음이
뿌리 박고 서 있음이 하나도 아프지 않은데

왜 비는 오지 않는가 노래와 멋과 뼈
오르가즘까지 온라인으로, 거 있잖아
귀에 꽂는 뮤직박스가 있는데

요즘은 혼자 다 돼서 공중전화가 필요 없다
혼자 다 전화가 있으니까
공중전화가 필요 없고

하기야 전봇대가 없는데 무슨 공중전화?

코스모스가 없는데 무슨 전화박스?
기적 소리가 없는데 무슨 구름?

봄 가을 겨울 봄

꽃의 집에는 고요가 산다 고요는
단 세 식구, 피는 꽃, 지는 꽃, 웃는 꽃
추운 겨울 온 집이 내려 앉아도
신음 소리 하나 없이 눈을 감는다
흙을 덮고 잠에 빠진다
바람이 안부를 물어도
먼지만 보일 뿐

꽃의 집에서 부활은 상식이다
흙을 비비고 눈을 뜬다, 기지개를 켠다
다들 웃음소리도 없이 입술만 방끗
그러나 더러 고요도 웃음을 참지 못해
개나리 꽃밭이 자지러진다, 온통 황금빛으로

쌍계사 골짜기

쌍계사 골짜기에 가면 별이 발에 채인다
더러는 주워서 차에 띄우고
"관향" 같은 집에서는 밤에 밤참으로
곶감 대신 별 한 두 개씩 내오기도 하지만

제일 좋은 것은
초저녁 별을 술로 담갔다가
한 백살 백발 휘날리며 뻐꾸기와 함께
회춘주로 한잔씩 하는 것

주의할 것은
술 넘어갈 때 숨 넘어갈까 조심
특히 그 술 먹고 한 오백년 살자다가
또 별들에 치어 은하수에 빠질까 조심

민용태의 시세계

오세영
(시인 · 서울대 명예교수)

언제인가 민용태는 내게 요즘의 한국 시들은 너무나 근엄하고 지사적이어서 도무지 재미가 없는데 무슨 장난 같은 것이 필요치 않겠는냐고 농담한 적이 있다. 이 말에 내가 동조하고 나선 것은 그의 진의를 내 딴엔 다음과 같이 파악하였기 때문이다. 즉 요즘의 한국 시들은 너무 집단의 목소리로 유형화 또는 목적화되어 있거나 다른 일면에선 주어진 관습에 고착되어 삶의 사실성으로부터 유리되어 있으므로 이 경직, 추상화된 틀을 깨 버리는 것이 바람직하며 또 그와 같은 경직성을 풀어 버리기 위해서는 일종의 장난 같은 파격이 필요하다는 뜻이다. 우리들은 당시의 분위기에 충실하느라 그 이상의 더 진지한 이야기는 나누지 않았지만 그의 시집 원고를 펼쳐드니 그때의 나의 이해가 옳았다는 생각이 든다.

이 시집을 처음 대하는 독자들은 우선 어떤 '장난기'를 느끼게 될 것이다. 도무지 심각하지가 않다. 고매한 형이상학적 비전을 추켜든 것도 아니요, 전투적 목소리를 고창하고 있는 것도 아니요, 격앙된 이념으로 무장하고 있거나 지사적 비장감으로 분개하고 있는 것은 더욱 아니다. 양식화나 추상화의 측면에서도 그의 시는 오늘의 우리 시들이 보편적으로 수용하고 있는 규범에서 많이 이탈되어 있다.

―〈시와 반시의식〉에서

김용직
(문학평론가 · 서울대 명예교수)

민용태의 시는 본질적으로 새로운 정서의 교직체이며 그런 의미에서 그의 많은 작품은 우리가 안심하고 읽어도 좋은 신판 서정시다.

널리 알려진 바와 같이 서정시는 그 바탕을 매우 사사로운 감정에 두고 있는 양식이다. 그것을 우리는 개성이 자본이라고 말하기도 한다. 개성이든 사사로운 감정이든 그 출발점이 매우 사적이기 때문에 서정시는 그것이 제대로 시가 되기 위해서는 반드시 한 풀무를 거쳐야 한다. 그것이 독특한 의장, 기법으로 사적인 감정이 읽는 사람들에게 저

항감 없이 받아들여질 수 있도록 되어야 하며 아울러 거기에 고운 해조, 아름다운 그림자가 깃들어야 되는 점이다. 그리고 이를 가능하게 하는 길은 별 것이 아니다. 그것이 신선한 감각, 적실한 심상으로 대상, 또는 사물을 창조해내는 일이다.(…)

우리가 민용태 시집을 읽으면서 얻게 되는 감정은 아주 상쾌한 경우다. 바라건대 이 시인은 앞으로도 그 삽상한 발걸음을 계속해 주었으면 한다. 그리하여 끝없이 그의 상상력이 지닌 넓이와 깊이를 더해가는 가운데 우리 시단과 시사에 참으로 경이에 값하는 새 풍경, 경관이 되어주기를 빌고 바라는 바이다.

―〈견자의 눈과 잽싼 형상력〉에서

빛나는 시 100인선 · 1
민용태 시선집

바람의 강 노래

초판인쇄 | 2013년 12월 11일
초판발행 | 2013년 12월 18일

지은이 | 민 용 태
펴낸이 | 서 정 환
펴낸곳 | 인간과문학사

주 소 | 서울특별시 종로구 삼일대로32길36
301호(익선동, 운현신화타워빌딩)
전 화 | 02)3675-3885, 063)275-4000
등 록 | 제300-2013-10호
e-mail | human3885@naver.com
inmun2013@hanmail.net

값 9,000원

ISBN 978-89-969987-7-8 04810
ISBN 978-89-969987-4-7 (전 100권)

이 도서의 국립중앙도서관 출판시도서목록(CIP)은 서지정보유통지원시스템 홈페이지(http://seoji.nl.go.kr)와 국가자료공동목록시스템(http://www.nl.go.kr/kolisnet)에서 이용하실 수 있습니다.
(CIP제어번호: CIP2013026515)